DES

EAUX MINÉRALES

DANS LEURS RAPPORTS

AVEC

L'ASSISTANCE PUBLIQUE.

BAGNÈRES-DE-BIGORRE,

TYPOGRAPHIE DE J.-M. DOSSUN,

Place Napoléon.

—

1849.

DES
EAUX MINÉRALES
DANS LEURS RAPPORTS
AVEC
L'ASSISTANCE PUBLIQUE.

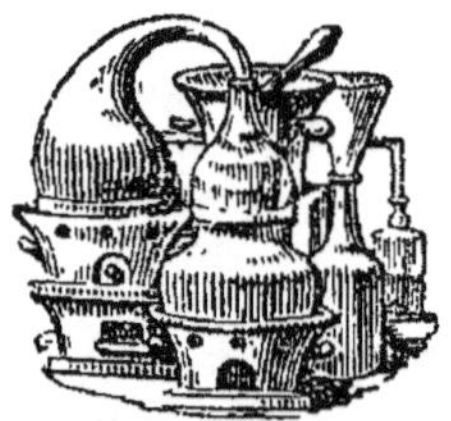

BAGNÈRES-DE-BIGORRE,

TYPOGRAPHIE DE J.-M. DOSSUN,
Place Napoléon.

—

1849.

DES EAUX MINÉRALES

DANS LEURS RAPPORTS

AVEC L'ASSISTANCE PUBLIQUE.

———

Encore aujourd'hui, malgré les efforts et les succès de la pratique médicale, les eaux minérales sont considérées par un grand nombre comme article de mode et de luxe ; on est porté à les regarder comme inefficaces.

D'où vient cette opinion ? D'où vient ce doute ?

Les causes en sont diverses. Elles viennent de certaines considérations d'intérêt privé mal entendu ; de l'exagération des vertus de ces eaux, alors qu'on devrait s'appliquer à les circonscrire dans les limites de spécialités rationnelles ; de la présomption de certains esprits systématiques, à idées préconçues ; des conditions actuelles de l'inspectorat, et des entraves au libre exercice de la médecine dans l'intérieur même des établissements thermaux ; de l'ignorance malheureusement trop générale des médecins dans la bonne administration des eaux minérales (*), et de l'usage irréfléchi des eaux artificielles.

Mais la cause dominante est, à mon avis, dans les difficultés qui s'opposent, en l'état des choses, à l'usage rationnel et suivi des eaux minérales par les classes peu aisée et indigente.

On ne peut douter de l'efficacité des eaux minérales. Car alors quel nom donner aux immortels travaux des Bordeu et des savants praticiens qui se sont fait remarquer dans les recherches sur l'emploi de ces eaux ? Qui peut aujourd'hui contester sérieusement leur efficacité dans les affections chroniques qui affligent l'espèce humaine, affections réputées incurables en présence des moyens ordinaires de la pratique médicale ? Qui contestera aux eaux de Vichy leur action sur les maladies chroniques du foie, sur les affections si diverses de l'estomac ? Oserait-on dénier à Bagnères-de-Bigorre, à Plombières, à Néris, à Rennes, à Bourbon-

(*) On pourrait citer telles prescriptions d'emploi d'eaux minérales, qui sont loin de faire honneur à plus d'une notabilité médicale de la capitale.

nes, etc., une spécialité marquée pour combattre les affections rhumatiques?

Et les eaux sulfureuses des Pyrénées? certes, nul ne tentera de combattre la réputation si méritée de Barèges, de Luchon, des Eaux-Bonnes, d'Ax et de tant d'autres. Quel autre moyen possède l'art médical pour lutter avec une énergie profonde contre les maladies de la peau, contre les suites de blessures, et les affections syphilitiques, à l'état constitutionnel.

Enfin, comment douter de l'efficacité des eaux salines d'Ussat, de Bagnères-de-Bigorre, de Néris, etc.., contre les maladies si diverses et si bizarres du système nerveux, devant lesquels la médecine reste impuissante.

Il n'est pas vrai non plus de subordonner la fréquentation des eaux minérales à une question de mode et de luxe. Dix-sept années de travaux et d'observations attentives me permettraient de réfuter facilement, et complètement, une telle opinion, si je pouvais ici poser des chiffres statistiques. Cela peut se concevoir jusqu'à un certain point, pour quelques établissements d'Allemagne où le jeu a le rôle principal. Mais aux bains de France, l'oisif est en minorité; les malades y font le plus grand nombre, et parmi les malades combien on compte de malheureux indigents.

Je puis l'affirmer, sans crainte de contradic-

tion, dans le plus grand nombre de nos établissements, le malade indigent, mais seulement
et toujours l'indigent du voisinage, compose la
clientelle la plus nombreuse, et cependant combien de misères et de maux ne peuvent arriver
jusqu'aux eaux qui leur seraient si salutaires.

La crainte d'une position plus malheureuse,
la répugnance à tendre la main, arrête le plus
souvent l'ouvrier indigent, le travailleur des
campagnes, alors qu'ils pourraient y recouvrer
la santé, et avec la santé le travail, le pain
pour leur famille et pour eux-mêmes.

J'ai bien souvent gémi sur l'organisation
actuelle, si négligée, du service général de nos
établissements thermaux; et depuis longtemps
j'attendais le moment d'élever la voix, quand,
en septembre dernier, sur la proposition d'un
homme, dont la vie est un enchaînement d'efforts soutenus pour le progrès agricole et pour
l'amélioration de la classe ouvrière, et de l'ha-
bitant des campagnes (*); le gouvernement, en
constituant la commission d'hygiène publique,
a décidé qu'il s'occuperait du service des eaux
minérales. Je ne sais si je m'abuse encore; mais
j'ai vu dans cette institution un moyen puissant
d'assistance publique. Car l'assistance n'est pas
seulement dans le repos au vieillard, dans le

(*) M. Tourret, de l'Allier.

travail à l'homme valide ; c'est aussi et surtout dans la santé qui rend le travail possible, qui comporte la première condition de bien être.

Dès lors je n'ai pas hésité à adresser à M. le Ministre de l'Agriculture et du Commerce les considérations qui suivent, sous le titre de : *Note sur quelques moyens de rendre l'usage et la fréquentation des eaux minérales praticables à la classe indigente* (*).

L'usage des eaux minérales a été facilité à la classe indigente, de temps immémorial, dans un grand nombre d'établissements thermaux.

De là, sur plusieurs points du groupe thermal des Pyrénées, les traditions et les restes des *maladreries* du moyen-âge ; ainsi celles de Cambo, de St-Cristau, de St-Savin (Cauteretz), d'Arles-sur-Tech, de St-Michel (le Vernet), etc.., toutes appartenant à des congrégations religieuses, alors dépositaires de l'œuvre de charité générale, et chargées par leur institution même et par suite de legs et donations, de l'assistance publique.

Ces maladreries se composaient presque invariablement de piscines, ou de grands bains communs, au voisinage desquels on ménageait souvent des filets et des chutes d'eau, emplo-

______

(*) Ce travail a été remanié dans quelques détails, depuis son envoi à M. le Ministre, le 6 novembre 1848.

yées pour douches et pour lotion des plaies
(douche locale.)

On y retrouvait toujours des dispositions balnéatoires qui rappellent celles des anciens thermes, sur les substructions desquels les maladreries
étaient souvent établies. Quelques-unes se composaient des restes mêmes de bains romains
(Arles-sur-Tech, Vernet, etc....)

Ainsi le bain commun à voûte surbaissée,
avec buée de vapeur, s'y rencontre fréquem-
ment. C'est qu'en effet ces dispositions consacrées
sur les traditions des anciens, étaient les plus
convenables pour combattre les affections alors
dominantes, les maladies de la peau, le rachy-
tisme, les affections rhumatiques, résultat de
la misère générale du peuple.

La fréquentation des eaux minérales par la
classe indigente, avec l'assistance des établissements religieux, continua jusqu'à la fin du
XVIII⁰ siècle, alors que, sous la pression des
évènements politiques, la plupart des biens
de main-morte furent aliénés et passèrent
soit à l'état, soit à des communes, soit à des
tiers acquéreurs. Quelques dispositions, fort
rares d'ailleurs, avaient été prises en vue de
soulager moins les indigens que les soldats de
la république blessés sur le champ de bataille,
(mission de l'ingénieur Lomet, 1793 et 1794,
délégué avec des médecins par le comité de salut

public, pour étudier l'aménagement des eaux et la reconstruction des bains de Barèges, de Bagnères-de-Bigorre, de Saint-Sauveur et Cauteretz.)

Toutefois, sous l'influence du gouvernement, au commencement du XIX⁰ siècle, des clauses spéciales aux indigens furent admises sur plusieurs points, à la suite de ventes, de legs, ou de mutations d'établissements thermaux. Mais ces clauses ne traitaient généralement que de la faculté de baigner gratuitement un certain nombre d'indigents, sans s'étendre aux moyens de leur entretien sur les lieux.

D'un autre côté, les anciennes piscines, les grandes baignoires et les douches communes des maladreries disparurent bientôt pour faire place aux cabinets particuliers de bains et de douches. Ces dispositions nouvelles, motivées le plus souvent par des considérations d'intérêt privé, en même temps qu'elles troublèrent profondément l'administration bien entendue des eaux minérales, et leur portèrent un coup funeste dont elles ne se rélèveront entièrement que par un retour rationnel vers le passé, enlevèrent les moyens de recevoir les indigens, et de traiter avec succès les affections dont ils sont le plus souvent atteints (maladies de la peau, rhumatismes divers, etc.) Je crois toutefois devoir ajouter ici que dans la reconstruction du Mont-d'Or, le service des indigents a été parfaitement aménagé en de vastes piscines avec douches, grâces aux soins si éclairés du célèbre docteur Bertrand.

De ces difficultés, dont vous comprendrez facilement la portée, au délaissement des eaux minérales par un grand nombre de malheureux, il n'y avait qu'un pas. L'absence de dispositions balnéatoires spéciales à la classe indigente souleva d'ailleurs des difficultés de service, qui toujours se sont traduites par des privations, par des empêchements, au détriment des malheureux.

Pour ne citer qu'un fait entre plusieurs autres non moins regrettables, je dirai ici que j'ai vu cette année, dans deux établissements thermaux importants, des malheureux atteints de rhumatismes, bivouaquer en plein air, toute la nuit, pour avoir un bain de minuit à deux heures du matin.

Un tel état de choses doit cesser. Je vais tâcher d'en indiquer les moyens pratiques. Mais avant je crois devoir mentionner les mesures actuellement en usage, afin de leur emprunter ce qu'elles ont d'acceptable.

Dans plusieurs départements du midi, les bureaux de bienfaisance interviennent directement pour couvrir les frais de route, et quelquefois de séjour des indigens. Ainsi dans l'Ariège, des bureaux cantonnaux de bienfaisance à la diligence de leur comité, et avec le contrôle de leur médecin, font transporter les malades pauvres à Ax (*), et les y hospitalisent moyennant une subvention journalière de 0 fr. 70 cent. à 0 f. 85 c., qu'ils soldent à l'hospice de cette ville, par un mandat sur le receveur cantonnal.

Certaines communes interviennent par des centimes additionnels.

Il en est qui se sont réunies et cotisées pour former un fonds de secours commun. Mais ces moyens sont toujours bornés; ils ne peuvent arriver que bien rarement à l'hospitalisation et à l'entretien sur les lieux.

Dans les Hautes et dans les Basses-Pyrénées, les départements sont intervenus pour les frais de déplacement, et quelquefois même d'entretien sur les lieux.

Les mêmes mesures existent dans plusieurs départements du centre et de l'est, et notamment dans le Puy-de-Dôme. Ce département, propriétaire du Mont-d'Or, s'impose de larges sacrifices pour la santé du pauvre.

Les établissements de l'Etat, ainsi que les établissements particuliers, font baigner gratuitement beaucoup d'indigens, mais l'entretien sur

(*) Ax, dans les dernières saisons, a donné jusques à 15,000 et 17,000 bains gratuits aux indigents.

les lieux n'existe pas; l'hospitalisation y existe à peine dans des hospices civils, dépourvus de locaux et de ressources suffisants.

Dans les Hautes-Pyrénées, un homme, ami du bien-être de son pays, M. Soubies, ancien administrateur de ce département, voulait arriver à former un fonds commun de secours, par l'intervention combinée du département, des communes et des établissements de bienfaisance. Les motifs de ce projet reposaient sur ce que les communes les plus pauvres sont celles qui récèlent le plus de misères, le plus d'indigents malades.

Déjà en 1820, M. le docteur Ganderax, alors inspecteur de Bagnères-de-Bigorre, provoquait dans cette localité, avec l'aide de la ville, l'institution d'un service médical, avec hospitalisation, pour les indigents. J'ai sous les yeux son rapport de proposition du 25 novembre 1820; il étendait les limites du service hospitalier de Bagnères aux départements Pyrénéens. Les efforts de cet homme de bien furent suivis de succès. Le service hospitalier fut établi moyennant une rétribution journalière de 1 fr. payée à l'hospice de Bagnères par les départements. L'institution dura six années et se perdit par la négligence de MM. les Préfets ou de leurs représentants.

Enfin à Ussat (Ariège), par suite d'une clause

du legs qui a attribué la propriété de ces bains à l'hospice de Pamiers, six à sept cents malades indigents de l'arrondissement y sont annuellement transportés, baignés et entretenus aux frais de cet hospice.

Dans l'accomplissement de ma mission aux eaux minérales, mon attention s'est souvent arrêtée sur les moyens les plus propres à faciliter le traitement suivi des indigents. Le plus souvent, le malheureux, auquel l'usage des eaux minérales est indispensable, est à bout de ressource, par suite de maladie et de chômage plus ou moins longs. Il est rarement en mesure de parer aux frais de déplacement. En outre le chômage, résultant du séjour aux eaux minérales, devient une aggravation de charges à sa famille et à lui-même.

Si on suit aux bains l'ouvrier peu aisé, on le voit souvent forcé de vivre d'aumône, alors qu'il avait toujours vécu de son travail; les soins, les secours de l'art lui font défaut, malgré le zèle si louable de MM. les médecins, qui ne peuvent aller au-delà de leurs indications, à défaut d'asile, d'hospice, si rares dans les lieux d'eaux minérales.

Puis, viennent les exigences du service, le manque de dispositions balnéatoires spéciales.

Cela posé, les moyens qui m'ont paru les plus convenables pour faire cesser un tel état

de choses, à une époque où tant d'esprits sérieux se préoccupent de l'assistance publique,
sont les suivants.

La France est, du continent européen, la
nation la plus richement dotée en eaux minérales diverses. Ces richesses si précieuses, aussi
abondantes que variées, la nature les a admira-
blement réparties sur les différents points de
notre territoire. Les Pyrénées, les Cévennes,
les Alpes, les Vosges, les montagnes du centre
et plusieurs points des pays de plaine possèdent
des groupes remarquables de richesse et de puis-
sance.

Je me suis assuré, par des recherches spéciales,
qu'il était possible de diviser le territoire par
groupes de départements qui pourraient, sous
le rapport de la fréquentation des eaux minérales, être desservis, dans le plus grand nombre
de cas, par des établissements thermaux importants, dont les eaux sont propres au traitement
des principales maladies des classes peu aisée et
indigente, et près desquels seraient organisés
des moyens d'hospitalisation ou d'asile.

Pour faire face aux frais de déplacement et
de séjour, les départements, les communes et
les établissements de bienfaisance créeraient, par
les moyens légaux, un fonds commun de secours,
à la diligence et avec l'aide du gouvernement.

Le choix et la désignation des indigens à traiter par les eaux minérales seraient faits par l'action combinée de l'autorité départementale et communale, de comités et médecins spéciaux, de manière à offrir toute garantie contre les abus.

A cet effet, la création des médecins cantonnaux, si utile à la santé du pauvre des campagnes, offrirait des avantages précieux.

L'indigent serait reçu aux bains, porteur d'une feuille de route et d'une consultation ; il y serait entretenu, soigné, au moyen d'un service médical organisé, bien autrement sérieux, bien autrement complet que ne l'est et que ne peut l'être l'inspectorat actuel, bien que messieurs les inspecteurs soient pleins de dévouement pour l'indigent. Ce service médical serait pourvu par des allocations spéciales, prélevées sur le fonds commun de secours, et non comme aujourd'hui sur les propriétaires des eaux minérales dont les autres charges sont au-dessus de leurs moyens et de leurs forces.

Il en résulterait pour l'inspectorat, ou pour le service qui le remplacerait, une indépendance, une force d'action, qu'il ne saurait avoir dans la position douteuse, pénible, précaire et bornée que lui fait le mode vicieux de l'institution actuelle.

Combien ne gagnerait-on pas à l'organisation, sur les lieux des bains et dans les établissements même, d'un service médical permanent. Un des résultats immédiats serait la suppression de toute entrave au libre exercice de la médecine, qui nulle part n'existe. Je considère la question de liberté de l'exercice médical aux établissements thermaux, comme une des conditions essentielles du progrès de nos eaux minérales. Cette liberté existe de tout temps en Allemagne, en Savoie. Tout médecin résidant ou étranger a droit d'accès aux thermes ; il y peut suivre les malades dans l'application des eaux. Les conditions morales de l'inspectorat actuel s'y opposent ; il y a lieu de les modifier.

Une des conditions premières d'un service sérieux des indigens, c'est l'hospitalisation. En dehors des résultats immédiats que l'on en retirerait pour la santé de l'ouvrier, du pauvre, on réaliserait la mesure la plus importante pour le progrès de la thérapeutique des eaux minérales, une statistique générale d'observations sérieuses ; car le malade, après le traitement des eaux, serait renvoyé sous la surveillance du service médical qui lui en avait antérieurement prescrit l'usage. N'est-ce pas le service d'hospitalisation militaire, organisé à Barèges, qui, après la valeur intrinsèque des eaux, est le point de départ, la cause, la base de la plus grande réputation thermale qui soit au monde ?

Il y aurait lieu de fixer la répartition des malades indigens dans les différentes périodes de la saison, en tenant compte, d'une part, des ressources en eaux minérales dont peuvent disposer les établissements, et, d'autre part, de la nécessité de ne pas admettre l'indigent, d'une manière exclusive, pendant l'avant et l'arrière-saison des eaux. L'indigent, moins que tout autre, peut attendre. D'ailleurs il est souvent tel état, tel caractère d'affections qui exigent l'usage des eaux en pleine saison.

En outre, en raison de l'état d'abandon dans lequel on a laissé jusqu'ici la plupart des sources minérales, sans les soumettre à des mesures de recherche, à des travaux d'aménagement, qui, tout en accroissant leur débit, les mettent á l'abri de l'action des causes et des agens de dégradation, il arrive à un grand nombre de nos bains, qu'en présence de la possibilité d'accroître notablement leurs richesses, ils manquent d'eau minérale. De là un obstacle sérieux à l'organisation du service médical des indigens, si on ne s'occupe à le faire disparaître. Des efforts suivis ont déjà été faits dans ce but.

Vous le savez, Monsieur le Ministre, un de vos prédécesseurs (*), en m'attachant à son dé-

(1) M. Cunin-Gridaine, dont l'administration est marquée par des améliorations importantes dans le service des eaux minérales.

partement, m'a assuré les moyens de poursuivre une tâche difficile et délicate, l'amélioration des établissements thermaux, sous le rapport de la conservation des eaux et de l'appropriation si diverse des constructions thermales.

Déjà plusieurs établissements considérables comptent un accroissement de ressources thermales qui leur permettront de satisfaire amplement aux besoins du service des indigens.

Il importe que le gouvernement persiste dans cette voie par l'organisation large et bien entendue du service des eaux minérales.

D'un autre côté, l'état et la consistance actuels de nos bains offre au service hospitalier des difficultés que l'on ne surmontera qu'en les modifiant et les améliorant, de manière à y introduire des annexes spécialement affectées au traitement des malades indigens.

Ces annexes devraient comprendre des piscines avec et sans douche, des étuves (douches et bains à vapeur totaux et partiels), des douches diverses, et quelques cabinets de bains, tous étudiés, en tenant compte de la nature et de la spécialité des eaux.

C'est dans le sens de cette réalisation que j'ai conçu et rédigé les programmes d'amélioration des principaux établissements de France. Parmi ces programmes, les uns sont achevés et don-

nent actuellement lieu à des travaux de réalisation ; les autres sont encore inachevés.

Les dernières conditions d'un bon service
hospitalier , savoir :

1° L'hospitalisation combinée avec un service
médical dont j'ai indiqué les bases ;

2° La recherche, l'aménagement et la conservation des eaux ;

3° Le remaniement total ou partiel de nos
principaux établissements thermaux;

Ces conditions, dis-je, ne me paraissent pouvoir être remplies que par le concours combiné
de l'Etat, des départemens et des propriétaires,
et mieux par l'Etat, seul propriétaire de nos
grands établissements thermaux.

Depuis quelques années ces derniers se sont
imposé des sacrifices considérables. Mais la tâche
est au-dessus de leurs forces, que les établis-
semens appartiennent à des communes, à des
vallées, à des hospices, ou à des tiers.

Ainsi, l'hospice de Pamiers, pour Ussat ; la
vallée de St-Savin, pour Cauteretz ; la vallée
d'Ossau, pour les Eaux-Chaudes, et un nombre
considérable de tiers propriétaires, tous entièrement obérés, s'agitent vainement pour achever
l'œuvre commencée. Pourquoi à cette liste n'a-
jouterais-je pas l'Etat lui-même, pour Vichy,
pour Néris, pour Bourbon, pour Plombières,
où tant de travaux restent inachevés ou à

réaliser d'urgence. Ainsi également, Luchon, quoique riche de ses propres fonds, Bagnères-de-Bigorre, Barèges, etc., s'épuisent en efforts à la recherche des moyens d'améliorer leur position.

C'est que, il faut le dire, les établissements thermaux ne sont pas, sauf quelques cas exceptionnels, d'une exploitation avantageuse par eux-mêmes. Ils imposent de lourdes charges. Ils ne profitent réellement aux populations que par les industries annexes qui dérivent de leur mise en exploitation.

De là une situation pénible, dont certes l'ancienne chambre et l'Assemblée Nationale n'eurent pas connaissance, quand la première, dans la loi des patentes, greva les établissements thermaux, et quand la seconde, dans sa séance du 29 mars dernier, réduisit, malgré les efforts persévérants de Monsieur le Ministre (*), la

(*) M. Buffet, des Vosges. Ses connaissances dans les sciences économiques et morales, qui se rattachent au sort des classes ouvrières, sont une garantie de son concours dans l'amélioration de nos thermes. Je citerai à l'appui de cette opinion, ses paroles à l'Assemblée Nationale, dans la séance précitée. « Je crois que ces subventions » sont extrêmement utiles; elles ne sont accordées aux » établissements qu'à la condition que certaines mesures » favorables aux indigents y seront prises, comme, par » exemple, que des piscines destinées aux indigents se-

subvention aux établissements thermaux particuliers.

Au nom de l'assistance publique, au nom de
la santé du pauvre et de l'ouvrier des villes et
des campagnes, cette situation impose au gouvernement de sérieux devoirs.

Quelle est l'industrie qu'il ne protège pas,
pour laquelle il ne s'impose pas des sacrifices?
Et cependant est-il une industrie plus sacrée,
plus digne de toute sa sollicitude, de tous ses
efforts, de tous ses sacrifices, que celle des
eaux minérales?

Puis, les eaux minérales ne sont pas seulement
une industrie dans le sens propre du mot; elles
sont avant tout, on l'a vu plus haut, des établissements d'assistance publique, de bienfaisance.
Elles sont les annexes obligées des hospices. Sous
ce rapport, et j'insiste sur ce point, n'ont-elles
pas tout droit au concours actif de l'Etat, autant
au moins que les hospices même, et plus sans
nul doute que certaines institutions sanitaires
d'une utilité fort douteuse et fort contestée.

Je le répète, c'est un devoir pour le gouver-

» ront construites.... Le seul moyen pour l'administration
» d'avoir action sur ces établissements, de pouvoir leur
» imposer certaines conditions favorables à la classe pau-
» vre, c'est de contribuer dans une certaine mesure aux
» dépenses qu'ils sont obligés de faire. »

nement de prendre une décision énergique pour protéger les eaux minérales, l'une des richesses du sol les plus précieuses que possède la France.

Je ne rechercherai pas ici, si, comme pour le service des irrigations, des ingénieurs des mines spéciaux doivent être attachés au département de l'Agriculture et du Commerce, si au contraire celui des Travaux publics doit être chargé des travaux d'amélioration des eaux et des bains, tout en laissant au Commerce les détails purement sanitaires. Une telle question me conduirait au-delà des limites de ce travail, et m'écarterait de son objet. Je me bornerai à dire ici que le service des eaux minérales doit être sérieusement organisé et convenablement doté pour arriver aux améliorations impérieusement réclamées.

La question des eaux minérales, envisagée sous le rapport de l'assistance publique, doit être résolue par le gouvernement à un point de vue élevé, progressivement réalisable.

L'Etat, qui, par son décret du 8 mars 1848, a déclaré les eaux minérales d'utilité publique, doit poser en principe qu'il exploitera les grands établissements de la France, tels que Barèges, Bagnères-de-Bigorre, Luchon, Ax, Ussat, Arles-sur-Tech, Cauteretz, les Eaux-Bonnes, les Eaux-Chaudes, le Mont-d'Or, Bourbonnes, St-Amand, Rennes, Luxueil, etc., comme il exploite déjà assez avantageusement et avec des bénéfices Vichy, Néris, Plombières et Bourbon.

Il est d'ailleurs plusieurs établissements thermaux fort riches en eaux minérales, qui se prêteraient parfaitement aux conditions de l'assistance publique, et dont l'état actuel entraînerait l'acquisition avantageuse, ainsi plusieurs établissements des Landes, de l'Hérault, de l'Aude, des Pyrénées-Orientales, de l'Ariége, etc., tels que Dax, Arles, Rennes, Ax, etc.

L'Etat doit en préparer, pour des temps meilleurs et plus calmes, l'acquisition et l'occupation progressives.

Ou bien, s'il lui répugnait d'entrer trop directement dans cette marche, qu'il devra tôt ou tard adopter, à l'exemple des nations voisines, il doit en préparer la réalisation plus lente par la voie de subventions assez larges pour être efficaces. Ces subventions seraient conditionnelles ; elles serviraient à poser les bases, à réaliser rapidement les moyens d'assistance publique. Il poserait la clause, dans le cas d'acquisition et d'occupation ultérieures, d'une exonération dans le prix d'achat, proportionnel au montant de ses subventions.

Il faut désormais que le principe de subventions, sauvé par M. le ministre, dans la séance de l'Assemblée nationale du 29 mars dernier, s'exerce sérieusement. Qu'est-ce donc que trente mille francs pour tous les établissements thermaux de France, écrasés aujourd'hui par la campagne de 1848, et menacés peut-être d'une morte-saison en 1849? Mais cela représente à peine 3 p. °/₀ du montant des travaux d'amélioration auxquels je prends actuellement part pour le compte seulement des communes propriétaires d'eaux minérales.

Luchon construit actuellement l'établissement le plus vaste et le plus complet qui sera peut-être en Europe. Pour cela faire, cette commune, qui se trouve en présence d'un chiffre de dépense de 800,000 fr., use sagement de tous ses moyens de crédit ; elle emprunte, elle hypothèque ses eaux, ses bois ; le département de la Haute-Garonne lui alloue successivement deux secours, l'un de 20,000 fr., l'autre de 50,000 fr. Que fait l'Etat, qui, en définitive, avec ses faibles moyens actuels, ne peut faire ni plus ni mieux? il donne un secours de 7,000 fr.

Vous l'avez compris, M. le ministre, il y a urgence de sortir, quand l'état des finances le permettra, d'une telle situation, de prendre au sérieux le service des eaux minérales, comme on le fait de temps immémorial en Savoie, en Allemagne. La santé des pauvres des villes et des campagnes est à ce prix.

Ce que je réclame ici, ce ne sont pas des dépenses inertes, ce ne sont pas des sacrifices. Car les subventions, ainsi que tous les fonds du budget des travaux publics, assurent du travail aux populations, développent toutes les industries annexes des eaux minérales, et rentrent à l'Etat au centuple par toutes les bouches du fisc.

Les sacrifices à faire pour organiser l'assistance publique aux eaux minérales, avec l'aide des départements, des communes et des établissements de bienfaisance, ne sont pas aussi considérables qu'on pourrait le penser *à priori*. Une subvention annuelle de 220 à 250 mille francs, je m'en suis assuré, suffirait pour arriver à établir, en moins de dix années, l'assistance publique, régulièrement organisée, dans plus de vingt de nos principaux bains, et pour y soulager les misères de plus de 35,000 indigents.

Puis un jour que l'Etat, entrant sérieusement dans la voie de l'assistance publique, soit maître de nos principaux thermes, qu'il en consacre l'équivalent du revenu net, aux besoins, au développement de l'action de l'assistance, nul doute que l'on n'arrive aux plus heureux résultats pour la santé du peuple.

Je dirai pour les eaux minérales ce que répétait M. Tourret pour les fermes régionales à l'Assemblée nationale *(Moniteur* du 30 mars 1849) : « Vous êtes-vous bien rendu compte des » dépenses. Lorsque les départements verront » ces fermes régionales, vous ferez alors vos

» conditions ; et soyez assurés que toutes nos
» espérances seront dépassées. »

Telles sont, M. le ministre, les considérations
sommaires que, conformément à vos instructions
du 9 septembre dernier, j'ai cru devoir soumettre à votre haute appréciation. Si vous exi-
gez de plus longs développements, je suis prêt
à vous les transmettre.

Luchon, le

L'Ingénieur en chef des mines,
chargé du service des eaux minérales,

Jules FRANÇOIS.

L'intelligence élevée de M. le ministre, sa
constante préoccupation pour l'amélioration du
sort de l'ouvrier, du pauvre, me sont une garantie de l'accueil qu'il voudra bien faire à ces
propositions.

Si j'ai donné de la publicité à ce travail, c'est
sur la sollicitation réitérée des populations des
Pyrénées, dont toutes les conditions d'existence
reposent sur l'exploitation et l'amélioration de
nos établissements thermaux.

Je termine par un appel au concours actif de ces populations, et de celles des autres lieux de bains. Aidons-nous, et nous arriverons au but de nos efforts, le bien-être du peuple.

Bagnères-de-Bigorre, le 11 avril 1849.

Jules FRANÇOIS.